*Félix Briot*

# Boisements, forêts et pâturages de montagnes

*Étude*

ISBN : 978-1722904111

10  9  8  7  6  5  4  3  2  1

Félix Briot

# Boisements, forêts et pâturages de montagnes

*Étude*

# Table de Matières

Il est peu de questions qu'on agite autant aujourd'hui que celle du reboisement des montagnes, quoique l'œuvre soit entreprise depuis un demi-siècle, et que le zèle de l'Etat ne se soit point ralenti.

Nous allons rappeler le but poursuivi. Nous ferons ressortir les obstacles et les difficultés. Nous discuterons les assertions qu'on propage. Nous examinerons les projets de lois nouvelles. Nous dirons un mot des travaux exécutés. Nous chercherons des économies. Nous proposerons un programme de voyage propre à éclairer le débat. Nous affirmerons enfin nos préférences pour le maintien de la législation actuelle, que nous croyons susceptible de satisfaire à tous nos désirs de progrès.

## Section I

Le but principal est la régularisation du régime des eaux. Les forêts, en effet, augmentent l'infiltration par les fissures infinies dues aux racines de leurs plantes ; elles prolongent la durée de l'écoulement par suite de l'hygroscopicité de leurs terres ; enfin et surtout, elles détruisent par leurs feuilles et leurs branchages, qui retiennent ou arrêtent momentanément une grande partie des gouttes de pluie, la force érosive du ruissellement. Néanmoins, la suppression des grandes inondations par la forêt est une utopie, et cela, pour des motifs de deux sortes, qui sont les uns d'ordre physique, les autres d'ordre économique.

Les premiers proviennent de l'altitude et de la nature du terrain. Il est impossible, sous nos climats, de créer des massifs assez serrés pour agir efficacement sur le débit des eaux au-dessus de 2 300 mètres, et même en général au-dessus de 1 800 à 2 000 mètres. Or, nos sept départements alpestres sur leur surface totale de 4 138 800 hectares en renferment plus de 300 000 dépassant ces cotes, et nos cinq départements pyrénéens sur leurs 2 755 987 hectares en contiennent au moins 100 000. Quant aux Cévennes et au Massif Central, dont les températures sont plus froides à altitude égale, la largeur de leurs vallées et la hauteur moindre de leurs crêtes ne favorisant pas au même degré les réflexions solaires entre versants opposés, ils n'ont pas de forêts dépassant 1 500 mètres. Si aux surfaces dénudées de forte altitude on ajoute les superficies rocheuses, sableuses et pierreuses inférieures, on voit que les deux tiers au moins des terrains dépourvus de végétation échappent à notre empire.

L'obstacle économique est le même dans les quatre régions précitées. Nos montagnes se partagent en cultures variées, mais elles sont vouées avant tout à la culture pastorale. Plusieurs écrivains néanmoins, négligeant la difficulté de faire monter l'arbre jusqu'au niveau supérieur des gazons, se demandent s'il ne serait pas bon de viser au remplacement à peu près total de la pelouse par la forêt. La houille blanche fournirait aux populations d'importantes compensations et bientôt les amoncellements de graviers dont souffre la navigation fluviale prendraient fin. Quelque hardie que soit cette thèse, il faut l'examiner, puisqu'elle a été sérieusement émise, et soutenue avec un talent qui ne l'a pas laissée inaperçue.

L'arbre est une marchandise lourde qui représente l'emmagasinage d'une production terrière d'un nombre considérable d'années et ne s'extrait des montagnes qu'à grands frais. L'herbe, au contraire, est un produit annuel et léger que chaque été le bétail consomme sur place, après s'être installé en son alpage généralement une fois pour toutes ; de sorte que son exploitation dans les vallons et sur les plateaux les plus hauts n'entraîne pas plus de frais que dans les plaines les plus basses.

Cherchons maintenant à chiffrer cette production herbeuse de l'été dans les 25 départements qui, au point de vue hydraulique, attirent particulièrement l'attention, et qui sont les Alpes-Maritimes, les Basses et Hautes-Alpes, la Drôme, l'Isère, la Savoie et la Haute-Savoie ; l'Ardèche, l'Aveyron, le Cantal, la Corrèze, la Creuse, le Gard, l'Hérault, la Loire, la Haute-Loire, le Lot, la Lozère et le Puy-de-Dôme ; l'Ariège, l'Aude, la Haute-Garonne, les Basses et Hautes-Pyrénées, et les Pyrénées-Orientales.

Dans ces 25 départements, en ne se préoccupant que des bêtes bovines, ovines et caprines, et en assimilant 10 bêtes ovines ou caprines à une bête bovine, on trouve qu'il y a, d'après les statistiques officielles, l'équivalent de 3 600 000 têtes de gros bétail. La bête bovine moyenne rapportant brut au moins 200 francs par an, cela fait pour l'ensemble de nos quatre régions montagneuses principales, Alpes, Cévennes, Massif Central et Pyrénées un produit de 720 millions. Si l'on suppose que la moitié de ce bétail se nourrit trois mois en montagne, hypothèse en dessous de la vérité, il ressort que le pâturage de montagne dans les dits départements rapporte au minimum 90 millions, chiffre infiniment supérieur aux dommages annuels moyens des inondations attribuées à l'état des montagnes, qu'on ne saurait évaluer, je pense le démontrer tout à l'heure, à plus de 2 millions ; On est par conséquent loin d'avoir intérêt à supprimer le pâturage, au profit de l'extinction des inondations, en admettant que cette extinction puisse se faire.

C'est donc à tort qu'on parle d'antagonisme entre la plaine et la montagne et qu'on excite la première à combattre l'organisation générale de la seconde. Les intérêts de l'une et de l'autre sont solidaires à tous points de vue. Les améliorations forestières favorables à leurs localités propres, les montagnards ne demandent qu'à les réaliser, et ce sont les seules que la plaine ait avantage à voir s'accomplir, car la suppression ou une réduction notable du pâturage entraînerait une augmentation énorme du prix de la viande, de la laine et du lait, un accroissement considérable de l'émigration dans une foule de villages, une perturbation générale profonde si évidemment démontrée par les chiffres qui précèdent qu'il est inutile d'insister sur ce point.

Du reste, l'augmentation de la houille blanche ne se lie nullement a une pénétration plus intime des pâturages par la forêt. Dire que la forêt absorbe la pluie et augmente l'infiltration souterraine, génératrice de sources lointaines, et qu'en même temps elle accroît la houille blanche qui, elle, est engendrée par le ruissellement superficiel, c'est lui prêter deux propriétés qui s'excluent. Si les plateaux et les versants supérieurs étaient intensivement boisés, la houille blanche serait au contraire moins abondante. Où sont nos plus riches mines de houille blanche ? N'est-ce pas aux sommets des vallées des Alpes, où pâturages, névés, rochers et glaciers dominent de 1 300 à 2 000 mètres les confins supérieurs des forêts ? Mais l'industrie de la houille blanche a grand intérêt à la gestion rationnelle des pelouses, celles-ci représentant l'étage inférieur de la région où elle se forme et devant être en bon état pour qu'elle s'en échappe limpide et pure.

Quant aux exhaussements de lits qui se manifestent sur divers points de plusieurs de nos rivières, ils me paraissent dus à des approfondissements d'autres sections situées en amont, qu'on omet de remarquer, et à une propulsion constante vers l'aval des graviers tombés dans les thalwegs, aux temps préhistoriques, bien plus qu'au délitement actuel des montagnes. Sans doute il y a nombre de ravins d'où se détachent des graviers de temps à autre, par petites quantités. Mais combien de bassins parfaitement gazonnés et immenses conservent énergiquement leur couverture herbacée d'où ne s'élancent que des nappes claires, animées d'une force vive supérieure à celle des filets troubles et lents descendant des forêts, et plus aptes, par-là même, une fois parvenues aux rivières, à la chasse des sables et des galets, au déblaiement et au nivellement des lits, et à l'augmentation de leur capacité !

Ce que la nature a créé, une vaste zone pastorale au-dessus de la forêt en haute montagne, est donc le dispositif le plus propice à l'économie hydraulique en général, et il n'y a pas à s'arrêter à la pensée de restreindre cette immense ressource qu'est le pâturage de montagne, en vue de supprimer les grandes crues qu'on ne saurait que très faiblement atténuer, et pas plus empêcher que les tremblements de terre, les tempêtes, les raz de marée et les éruptions volcaniques.

## Section II

Nous lisons ceci :

« La Loire et la Garonne ont causé ensemble de 1750 à 1900 30 inondations ayant coûté 100 millions chacune. La Garonne, en 1875, a détruit 6 000 à 8 000 maisons. Les versants de la Maurienne glissent avec une vitesse de 3 à 18 mètres par an sur des milliers d'hectares. L'infiltration des eaux de l'Isère, occasionnée par l'exhaussement des graviers, a stérilisé sur les 66 kilomètres du Graisivaudan des propriétés d'une valeur de 66 millions. Le Drac et l'Isère, vers leur confluent, élèvent si rapidement le niveau de leurs lits qu'avant un siècle, Grenoble sera détruit. Les canaux dérivés de la Durance, par suite de déboisements récents, ne fournissent plus la quantité d'eau dont on a besoin. Il y a en France 1 500 torrents en activité, deux fois plus que dans tout le reste de l'Europe. Dans les seules Alpes françaises, 200 000 hectares sont soumis à leurs ravages. — Les dommages produits par les inondations du Midi, en automne 1907, ont atteint 200 millions. »

Comment les riverains des bassins de la Loire et de la Garonne auraient-ils pu supporter en cent cinquante ans une perte de 3 milliards, soit de 3 333 francs par kilomètre et par an, le développement de ces fleuves et de leurs principaux affluents étant de 6 000 kilomètres, alors que l'année même qui suit chaque inondation, à peine en aperçoit-on la trace ? Se rend-on compte que l'effondrement de 6 à 8 000 maisons correspondrait à la destruction de 6 à 8 villes de 10 000 âmes ?

Il ne se manifeste nulle part de glissements autres que ceux d'infimes superficies, qui méritent à peine d'être notés. En Graisivaudan, il n'existe, à présent comme autrefois, sur toute la largeur de la vallée, que des cultures florissantes, exposées sans doute à des infiltrations résultant des digues, mais que de petits canaux latéraux concentrent et rendent ainsi fécondes. Dans l'Isère, à Grenoble, pas de trace d'exhaussement depuis cent ans ; et si cette rivière, un peu en aval de la ville, et le Drac, un peu en amont, ont élevé naguère le niveau de leur lit, ce phénomène est en train de disparaître et de faire place actuellement à un creusement prononcé.

La diminution des services des canaux de la Durance donne lieu à une supposition toute gratuite. Ces canaux datent de cinquante ans. Depuis, l'État a acquis dans le bassin de cette rivière 60 000 hectares qu'il boise tant qu'il peut ; il y en a 15 000 de conquis ; d'un autre côté, je connais assez ce bassin par ses archives, ses cartes anciennes, ses traditions et par des excursions répétées pour oser avancer sans crainte qu'il n'y a pas un seul hectare de bois, ni communal, ni particulier, qui en ait disparu depuis des siècles. L'amoindrissement du débit de la Durance n'a donc pas été causé par la disparition des forêts. Il tient à ce que depuis vingt ans il neige moins et que les glaciers du Pelvoux, du Viso et d'autres montagnes, comme ceux de toutes les Alpes, reculent et diminuent en surface et en profondeur ; à ce que, en un mot, les immenses réservoirs d'eau existants entre 2 000 et 4 000 mètres ne sont plus temporairement aussi bien approvisionnés en été.

Nos torrents en activité, c'est-à-dire causant des dommages

périodiques, à intervalles plus ou moins courts, ne sont pas 50. Chacun recouvre de limon, de sable ou de pierrailles au maximum 25 ares tous les quatre ou cinq ans. Au lieu de 200 000 hectares dans nos Alpes seules, à peine enlizent-ils 2 ou 3 hectares par an. Les torrents résultent des formes des montagnes, et ces formes tiennent à la constitution géologique. Partout les mêmes convulsions du globe sous des climats semblables ont produit des torrents identiques, les mêmes répartitions de cultures, les mêmes forêts. Et la France n'a pas de montagnes, à égalité de circonstances d'altitude, de latitude et de terrain, qui aient rien à envier à celles d'aucun autre pays.

En 1907, les dommages éprouvés par les départements inondés du Centre et du Midi ont été fixés par le Gouvernement à 11 millions, propriétés, routes et canaux compris. A ce chiffre, il reste à ajouter les dépenses imposées aux compagnies P.-L.-M. Et du Midi pour la réparation des chemins de fer : elles ont été de 1 360 000 francs. Majorons le total considérablement, et élevons-le à 20 millions. Comme nos annales démontrent que ces événements ne se reproduisent que tous les dix ans, on voit que le chiffre de 2 millions que j'ai posé plus haut comme moyenne approximative annuelle des ravages des eaux de montagne n'est vraisemblablement pas dépassé et même qu'il tient compte largement des petites inondations partielles interdécennales.

Qu'on nous permette de dire ici que notre article était écrit, il y a plus d'un an déjà. Depuis, de douloureux événements sont venus démentir la loi de périodicité antérieurement remarquée. L'évaluation exacte des désastres de janvier dernier, répartie sur un siècle, ajoutera-t-elle une unité ou une fraction d'unité seulement à la moyenne que je viens de donner ? Je ne sais. Mais ce qui est certain, c'est que les crues de la Seine, dont le bassin n'est formé que de collines peu élevées, d'ondulations légères et de vastes plaines, où les forêts occupent d'ailleurs des surfaces maxima, sont étrangères à la question dite du reboisement ou du regazonnement des montagnes, à laquelle cette étude est presque exclusivement consacrée. Elles n'affaiblissent donc en rien la signification des faits que je puise dans les bassins de la Garonne, de la Loire et du Rhône, nos seuls (louves alimentés par des chaînes à reliefs et à bourrelets énergique-mont redressés.

## Section III

Il faudrait un travail considérable pour arriver à fixer rigoureusement les dommages des inondations générales, mais il est aisé de chiffrer exactement les petites catastrophes locales. Et comme ce qui a le plus contribué à provoquer les inquiétudes du public, ce sont justement les amplifications auxquelles on s'est adonné sur le compte de celles-ci, au premier moment, sous le coup de sympathiques et légitimes émotions, il est nécessaire de réviser ce qui en été rapporté.

Ces catastrophes sont celles de Sainte-Foy, de Meyronnes, de Grésy-sur-Isère, de Bozel, des Fourneaux, dans les Alpes ; d'Ouzous, dans les Pyrénées. Je ne cite pas le désastre de 1892 à Saint-Gervais, parce que, dû à l'évacuation d'une poche d'eau provoquée par la rupture de la paroi frontale d'un glacier, il est étranger au régime ordinaire des eaux.

Disons-le tout de suite, aucun déboisement, ni ancien ni moderne, n'a joué le moindre rôle dans ces cataclysmes. Tous proviennent de trombes subites ou de pluies diluviennes prolongées, tombées sur des pentes en état normal ; à Sainte-Foy, sur un superbe bassin pastoral ; à Meyronnes, sur des rochers ; à Grésy, en pleins taillis ; à Bozel et aux Fourneaux, sur des crêtes imboisables et des gazons splendides, compris entre 2 000 et 3 000 mètres, dominant des forêts du reste parfaitement conservées.

A Sainte-Foy, qui est certainement la localité où eurent lieu les plus mémorables éboulements, la désagrégation des pentes de la Molluire a ruiné ou déprécié 13 hectares de terrain et enseveli 5 masures, le tout évaluable à 42 000 francs. Quand cela advint, à la fin du printemps de 1877, de grands journaux annoncèrent que la Molluire s'était abaissée de 300 mètres et que ses débris avaient recouvert 900 hectares de champs et de prairies ! A Meyronnes, arrondissement de Barcelonnette, le 26 juillet 1900, le torrent de la Courbe envahit le village de Saint-Ours et le chef-lieu, ainsi que les prés et les champs environnants. Les pertes affirmées par tous les articles publiés immédiatement sous le titre : « Un village détruit » auraient été de 200 000 francs. Elles ont à peine atteint 3 500 francs, dont 1 000 concernant les maisons et 2 500 les propriétés. Celles-ci ont été remises en valeur tout de suite, et un fossé qui les traverse est le seul vestige qui subsiste de l'événement. A Grésy-sur-Isère, la Lavanche vomit sur le hameau du Villard, le 11 juillet 1902, des boues, des pierres et des blocs de rochers, emporta deux petits ponts et recouvrit un hectare et demi, dont un quart fut remis en culture. On a comparé cette crue à la catastrophe glaciaire de Saint-Gervais qui fit 200 victimes !

La catastrophe de Bozel est une des plus tristes, puisqu'on eut à déplorer la mort de onze personnes, mais les pertes matérielles, qu'on avait dit avoir atteint 500 000 francs, n'en ont pas dépassé 100 000. Aux Fourneaux, d'après toutes les relations du lendemain de la calamité du 23 juillet 1906, 50 maisons auraient été détruites, 200 familles sans abri, 200 hectares envahis, et les pertes se seraient élevées à 5 millions ; et un an plus tard, on relisait encore les mêmes choses dans certaines revues. En fait, combien y eut-il d'hectares recouverts ? Un ; — de maisons détruites ? Aucune. — Les dommages consistèrent en une obstruction de la voie ferrée dont le dégagement coûta 80 000 francs à la Compagnie, dans l'engravement de l'hectare signalé et en détériorations aux demeures d'une quinzaine de familles, que réparèrent largement les indemnités allouées par l'État et le Conseil général.

Pour Ouzous, c'est un village de 200 âmes qui vient de disparaître le 17 décembre 1906 en quelques secondes, sous une avalanche de neiges qu'aurait empêchée jadis une immense forêt que les habitants ont brûlée. Perte : 1 million. Ce fut bien une poignante catastrophe, mais ce n'est pas là ce qui s'est passé. La neige était absente. L'événement est arrivé à 10 h 40 du matin par un très beau soleil ; seulement, il avait plu torrentiellement sans interruption, pendant les quatre nuits et les quatre jours précédents. 120 000 mètres cubes de terres détrempées se détachèrent d'un coup de la rive droite de l'Arter et, en une minute, engloutirent à fond trois maisons avec leur bétail et, hélas ! neuf personnes. Toutefois, les pertes en argent n'ont pas dépassé 62 000 francs. Quant à la forêt brûlée par les habitants, elle n'a jamais existé.

On veut absolument assigner à ces catastrophes des causes provenant du fait de l'homme. Cependant, elles s'expliquent très naturellement et sans effort par la simple configuration des lieux. Voilà de gigantesques entonnoirs aux bords supérieurs formés de rochers verticaux ; sous ceux-ci des gazons, et plus bas des forêts, sillonnés par une foule de rigoles ou de petits ravins, convergeant vers un chenal unique creusé par les eaux ordinaires. Un nuage éclate accidentellement au sommet de l'entonnoir : est-il étonnant que le flot entraîne, en dévalant, quelques parties des saillies qu'il rencontre et les déverse sur les surfaces qui se déploient en éventail à la sortie de la gorge du torrent ? Aussi n'y a-t-il qu'un remède radical : ce serait le déplacement des habitations menacées, et il serait moins cher que n'importe quels travaux supposés préventifs.

Remarquons d'ailleurs que de tels désastres sont rares. Depuis cinquante ans il n'en est pas survenu plus de dix en pays de montagne, et ils n'ont été ni plus nombreux ni plus affreux que ceux qui, sous une forme météorique légèrement différente, ont éclaté en pays de plaines ou de coteaux.

## Section IV

On affirme que nos montagnes sont livrées à une déforestation générale, commencée il y a un siècle ou deux, qui se ravive de toutes parts.

La forêt de Boscodon, près d'Embrun, qui existait encore en partie au milieu du siècle dernier, ai-je lu dans diverses publications de 1904, est maintenant presque détruite. Elle l'est si peu, qu'il n'est pas de touriste, traversant les Hautes-Alpes, qui ne tienne à la visiter. Elle est comprise dans un vaste massif boisé de 2 000 hectares environ, qui s'étend sur 15 kilomètres au Sud et à l'Est de Savines, sans coupures autres que celles qui sont produites par des rochers de 2 000 mètres et les torrens qui en descendent : il est donc évident qu'elle n'a jamais été plus étendue qu'aujourd'hui.

En 1905, parut un article qui fit sensation. La commune d'Héry-sur-Ugine en Savoie, disait-il, possédait au commencement du XIXe siècle 902 hectares de bois communaux et elle n'en a plus que 345 aujourd'hui. Il détaillait ensuite des diminutions semblables à Cevins, la Bâthie, Montvalezan, Pralognan, Beaufort et autres communes du même département, et il concluait que la Maurienne et la Tarentaise avaient perdu, depuis cent ans, 23 pour 100 de leurs forêts. Mais de tous ces chiffres aucun n'est fondé. Héry-sur-

Ugine avait, en 1800, un territoire à cheval sur les deux rives de l'Arly, double de celui qu'il possède aujourd'hui. En 1904, on le scinda : la rive droite de l'Arly resta territoire d'Héry, la rive gauche devint territoire de Cohennoz ; de sorte que les 537 hectares de bois perdus par Héry sont aujourd'hui forêts de Cohennoz. Voilà comment Héry s'est forestièrement appauvri. Toutes les autres communes désignées ont encore la même quantité de bois qu'en 1800, sinon davantage. Mais leur cas n'est plus le même. Pour les unes, comme le code forestier français interdit formellement le pâturage de la chèvre en forêts soumises au régime forestier et crée des obstacles au pâturage du mouton, après l'annexion de 1860, l'administration abandonna à la gestion municipale certains communaux boisés, afin que le pâturage caprin ou ovin, exigé par les besoins locaux, y pût être continué ; mais les bois ainsi distraits n'ont point disparu, il y en a même qui depuis ont gagné en densité. Pour les autres, on leur prête des surfaces forestières qu'elles n'ont jamais eues, en comptant comme forêts des communaux situés au sommet des montagnes et désignés par le cadastre sarde de 1730 sous la dénomination de « pâturages et bois, » mais qui n'étaient « bois » qu'en très faible partie, car à cette époque, croyant que les arbres n'auraient jamais de valeur dans ces hauts parages, on ne prenait pas la peine d'y distinguer ces deux genres d'état. La situation forestière de la Savoie, il y a un siècle, est donnée par la belle « Carte Militaire des Alpes, » dressée au 1/200 000, par Raymond, capitaine au corps des Ingénieurs géographes, et éditée en 1820. Quoiqu'elle ait négligé certains taillis qui certainement existaient déjà, elle tend à prouver que cette province possédait alors moins de forêts qu'aujourd'hui.

Mais il n'y a pas de région qu'on aurait déboisée avec autant de vandalisme que les Pyrénées. La dévastation aurait commencé au XVIIe siècle avec l'introduction des forges catalanes et les exploitations de la Marine, et y serait continuée de nos jours par un ennemi acharné, le pâtre. L'établissement des forges catalanes n'a pas dans les Pyrénées, plus qu'ailleurs, provoqué de déboisements. Leur avènement a été au contraire un bienfait. Elle a apporté le moyen de tirer parti des taillis, a attaché à leur conservation, et a conduit à les aménager ; et, depuis que la fabrication du fer a été révolutionnée par la houille, on vise à transformer ces mêmes forêts en futaies. Froidour, grand maître des Eaux et Forêts de Louis XIV, a laissé, il est vrai, des lettres où il s'afflige des coupes de sapins ordonnées à Melles par Colbert pour approvisionner la flotte. Comme en tout forestier, il y avait en lui un poète et un économiste. Ecrivant à ses amis, l'artiste se lamente et l'administrateur s'oublie. Mais ce sont là des propos sans portée. Et si ses plaintes offrent de l'intérêt aujourd'hui, c'est seulement pour prouver que la forêt est impérissable, car à Melles, sur l'emplacement même des exploitations de Colbert, existent, après avoir été coupés déjà une autre fois entre 1670 et nos jours, de superbes massifs qui font encore la parure de ce territoire. Quant au pâtre, quels méfaits lui reprocher, puisque partout la forêt existe où elle peut exister, à d'infimes détails près, et qu'enfin tous les pâturages de la région sont beaux ?

On qualifie de destructives toutes exploitations privées de quelque importance, et l'on cite particulièrement celles qui ont été commises ou commencées depuis dix ans à Saint-Cergues, à Doussard, à Thorens, à Sainte-Catherine, en Haute-Savoie ; à Saint-Hugon, Isère ; au Lioran, au Bois-Noir, à Saint-Amandin, dans le Cantal ; à Sost, Hautes-Pyrénées ; à Counozouls, dans l'Aude. Cependant elles n'ont fait ou ne font que réitérer ce qui a toujours eu lieu sur les mêmes emplacements.

Comme conséquence de celle de Saint-Cergues, un orage du 27 mai 1904 aurait causé 500 000 francs de dommages sur le territoire seul de cette commune. Voici ce que m'a dit le maire : « L'inondation du 27 mai 1904 n'a pu être attribuée à l'exploitation dont il s'agit que par des personnes qui ne se sont pas donné la peine d'examiner les lieux. Ce soir-là, il tomba sur la montagne un sac d'eau qui enfla tous les ruisseaux. Mais dans les communes voisines où les forêts sont soumises au régime forestier, et la pente plus douce, l'inondation causa autant de dégâts qu'ici. Nous n'eûmes aucun accident de personne, pas de maisons démolies. De petites caves envasées, des bordures de champs couvertes de sable ou de limon, 4 à 5 000 francs de perte : ce fut tout. D'ailleurs, nos torrents débordent régulièrement une fois ou deux tous les vingt ans, et la dernière inondation n'a pas été plus terrible que ses devancières. » La forêt de Chavagnac à Saint-Amandin fut vendue en deux lots en 1907 : des deux acquéreurs, l'un se borne en ce moment à extirper les plantes surabondantes, et l'autre n'a pas encore touché un seul arbre. Que reprocher à la Société forestière de Sost qui fait respecter chez elle plus de réserves que la loi elle-même n'en prescrit en bois soumis au régime forestier ? Mais c'est autour de la forêt de Lapazeuil de Counozouls, vaste et beau massif du fond de la vallée de l'Aiguette, affluent de l'Aude, que s'est fait le plus de bruit. En 1894, un nouveau propriétaire avait voulu réduire les usages à la dépaissance et les délivrances de bois dont avaient joui sans trouble, tant que ce domaine était resté en la possession de la famille de Larochefoucauld, les habitants de Counozouls. D'où révolte et procès, dont on ne vit la fin qu'après le transfert du domaine en 1903 à un troisième propriétaire, la maison Ader, de Bayonne, qui consentit à légitimer les prétentions des habitants et leur revendit la forêt par un traité aussi ingénieux qu'humanitaire. MM. Ader et Cie couperont en trente ans tous les arbres d'une circonférence supérieure à 0m, 80, mais, à l'expiration de ce terme, ils céderont le fonds et les arbres restés sur pied à une société civile formée par les 90 ménages locaux, moyennant une somme de 80 000 francs, dont leurs chefs se libèrent, dès à présent, par des annuités payables en journées de travail qu'ils fournissent comme bûcherons, débardeurs, charretiers, etc. L'avenir de la forêt est ainsi assuré, car on y conserve assez de sapins pour garantir la reformation de peuplements complets à bref délai et le but de la Société civile est de les soumettre, aussitôt qu'elle sera propriétaire, à des coupes réglées, de façon à en tirer un revenu annuel et constant et une occupation pour ses membres en dehors des époques du travail agricole.

Depuis un demi-siècle, en projetant des routes, des tramways, des chemins de fer, on n'a jamais manqué de faire ressortir l'avantage d'utiliser d'immenses matériaux ligneux disponibles dans les régions reculées. Maintenant que ces progrès sont réalisés, n'est-il pas contradictoire d'accuser le commerce de dévastation, quand il ne fait que profiter des bénéfices qu'on a voulu lui procurer ? On prétend que nos forêts sont la proie de spéculateurs étrangers et victimes d'un commerce d'exportation effréné. Nullement. Pas un étranger ne vient faire concurrence à nos nationaux. Mais ceux-ci sont obligés de recourir, comme ouvriers, à des Tyroliens, des Bavarois et des Italiens, dans les districts où notre paysan, petit propriétaire, absorbé par les travaux agricoles, est empêché de prêter ses bras : de là la légende des étrangers.

Les statistiques de l'administration des douanes vont d'ailleurs nous fixer mathématiquement. D'après elles, nos exportations ont atteint par an : de 1871 à 1880, 36 560 000 francs ; de 1881 à 1890, 30 930 000 francs ; de 1891 à 1900, 45 480 000 francs ; de 1901 à 1908, 55 800 000 francs. Ces exportations consistent exclusivement en bois ouvrés. On calcule que 1 million en argent correspond à 35 000 mètres cubes en grume. Il en ressort qu'elles se sont élevées seulement, de la période 1871-80 à celle de 1901-08, de 1 280 000 à 2 millions de mètres cubes. A ce taux, elles représentent moins du quinzième de notre production totale. Car ces 2 millions de mètres cubes comprennent une certaine quantité de bois bruts, reçus d'autres pays et renvoyés à l'étranger après avoir été transformés. Quant à la progression de ces dernières années, elle s'explique fort bien par l'accroissement de produits résultant des boisements opérés depuis plus d'un demi-siècle, par la mise en valeur, grâce au développement des voies de communication, de forêts presque vierges, par l'augmentation des possibilités forestières qu'engendrent la conversion des taillis en futaie et la substitution à la production des bois de marine de celle d'arbres de plus faible dimension qui, dans le même temps, fournissent plus de volume. En somme, nous produisons 30 millions de mètres cubes, nous en importons 5 et nous en exportons 2. Ce ne sont pas là des chiffres qui démontrent que nos forêts pâtissent de la loi inéluctable de l'échange plus que les autres marchandises.

Les particuliers ont exploité, dit-on, dans les cinq dernières années, 60 000 hectares de bois ! Quel abus ! Non. Il y a en France 6 millions d'hectares de bois particuliers, qui, rationnellement, doivent s'exploiter entre vingt et cent ans ; moyenne : soixante. Leurs propriétaires ont donc le droit de couper 100 000 hectares par an. Et où est l'abus, si les bois sont mûrs, si ce sont des ; économies accumulées, si l'industrie les réclame, et si la forêt se reconstitue immédiatement ? On s'effraie de l'absorption par la papeterie de quantités de bois toujours croissantes, depuis trente ans. La France emploie actuellement 400 millions de kilogrammes de pâte à papier, fournis par 2 800 000 mètres cubes de bois, dont 1 800 000 sont d'origine française. Mais ces 1 800 000 mètres cubes peuvent être produits par 360 000 hectares de bonnes forêts : ce n'est là que la vingt-sixième partie de notre surface forestière totale, et ce dernier chiffre est un maximum, les bois à papier provenant aussi, en proportions non négligeables, de bois blancs plantés ici et là en haies, en allées, en quinconces, en bosquets. D'autre part, ces 1 800 000 mètres cubes ne représentent que deux dixièmes de mètre cube par foyer : n'est-ce pas sûrement beaucoup moins que la diminution de la consommation en bois de feu qui s'est produite depuis l'extension du chauffage au gaz et au charbon ? La papeterie au bois est donc venue opportunément compenser la perte du plus ancien débouché, soutenir et relever les prix, et pousser par-là même au boisement.

Déjà convaincu, par l'observation des lieux, que les besoins économiques des sociétés modernes ne tendent pas à diminuer les surfaces forestières, j'ai tenu à en chercher encore une preuve graphique dans les cartes de Cassini, lesquelles, commencées dès 1669 par les ingénieurs de Louvois, terminées sur le terrain en 1744, figurent par des tracés et des signes conventionnels si nets l'état forestier du royaume au commencement du XVIIIe siècle, jusqu'aux plus petits massifs. En les rapprochant toutes de nos cartes de l'Etat-Major et de l'« Atlas forestier de la France » de Bénardeau et Cuny, publié par le ministère de l'Agriculture en 1889, j'ai constaté que les forêts existantes en France, il y a deux siècles, existent encore entièrement aujourd'hui, sans aucune exception ; — que les contours de nos grands massifs n'ont subi aucun changement ; — que quelquefois de grands vides s'y sont remplis ; — que les limites des massifs moindres sont aussi restées les mêmes et que, si elles diffèrent légèrement, c'est au profit des existences actuelles ; — enfin qu'il y a eu des extensions sensibles de forêts sur de nombreux points des contrées montagneuses du Centre et du Sud de la France.

Les récits de destructions de forêts sous la Révolution et les guerres de l'Empire sont d'imagination pure. Il n'y eut alors que des déprédations insignifiantes çà et là. En 1870, pendant que nos gardes étaient en campagne, de semblables maraudages se produisirent. J'en connais dont les emplacements sont occupés de, nouveau par des peuplements prestigieux. C'est que la nature répare toujours ces désordres en très peu de temps.

Ne disons donc plus que la France se déboise ; on boise partout au contraire. Les boisements récents de la Champagne, de la Lorraine, des Landes, des dunes de Gascogne et de la Coubre, de la Sologne, des Alpes, du Massif Central et des Cévennes, sont l'honneur de nombreux forestiers de l'Etat, et de non moins nombreux propriétaires particuliers, grands ou petits. En outre, on remet en bois tous les jours des terrains antérieurement défrichés et cultivés pendant un délai plus ou moins long. Et la comparaison de nos statistiques successives met ces faits en pleine lumière. Ainsi, en 1789, une première statistique, établie d'après les 161 feuilles de la carte de Cassini alors éditées, enregistra 7 600 000 hectares de forêts. Ces 161 feuilles correspondaient à 48 millions d'hectares. En admettant une proportion semblable sur les 5 millions d'hectares à ajouter pour tenir compte des modifications survenues à notre territoire et des 21 feuilles de la même carte dont la publication fut retardée par les guerres jusqu'en 1815, on voit qu'il devait exister en France au milieu du XVIIIe siècle, à très peu de chose près, 8 400 000 hectares de bois. Nos statistiques officielles de ces dernières années accusent 9 500 000 hectares. La France a donc accru son domaine forestier de plus de 1 million d'hectares dans le cours du XIXe siècle.

## Section V

La situation forestière et pastorale d'une contrée quelconque est fonction de sa constitution géologique et de ses altitudes. Les paysages existants ont été imposés par ces deux facteurs. C'est pourquoi il n'est pas à craindre que les grandes lignes de nos sites se modifient jamais profondément.

Les Vosges, le Morvan, les Maures et l'Esterel, la Corse sont dotés d'un coefficient de boisement très élevé : ils le doivent aux terrains cristallins et granitiques qui les forment. Le Jura doit le sien aux calcaires à gros éléments, inaptes aux céréales et à la prairie qui constituent ses crêtes et ses versants. Sur un dixième de nos Alpes où règnent les calcaires dolomitiques et compacts du trias, les calcaires blancs et durs de l'urgonien, les marnes noires de l'oxfordien et les calcaires en dalles du crétacé supérieur, peu ou pas de forêts ; mais sur tous les autres terrains, cristallin, carbonifère, permien, schistes lustrés, nummulitique, Flysch, oligocène et miocène, forêts et gazons abondent et prospèrent. Pourquoi la Haute-Savoie, sur un quart de sa surface, de l'extrémité Est du Léman à l'extrémité Sud du lac d'Annecy, l'emporte-t-elle sur le reste des Alpes, par une magnificence de végétation forestière et pastorale insurpassable ? C'est que cette portion du département est formée par un épanouissement du Flysch, le plus fertile des sédiments alpins, qui termine là une longue bande du même terrain, caractéristique des plus belles parties du Tyrol et de la Suisse.

En Auvergne et dans le Velay, la forêt et la pelouse recouvrent d'une brillante verdure toutes les pentes granitiques et basaltiques. Dans le Rouergue, le Larzac, le Quercy, la forêt est plus rare : c'est une résultante inévitable du degré de résistance des causses de leurs plateaux. Les Pyrénées étalent une végétation forestière et pastorale plantureuse partout ; elle dérive des propriétés des terrains primitifs et primaires qui constituent l'axe de la chaîne, et des divers étages jurassiques et crétacés qui en forment les ramifications.

En plaine, on ferait les mêmes observations. Qui a protégé et protégera indéfiniment nos grands massifs contre la tentation de les convertir en cultures agricoles ? C'est encore la nature du sol. Ne voyons-nous pas en effet les confins des forêts de Marchenoir, d'Orléans, coïncider, comme ceux de la Sologne, avec un étage du miocène caractérisé par des sables argileux impropres à la prairie et aux céréales ?

Dans la France entière, sur les collines et dans les vallées, le culte de l'arbre, isolé, en bosquets ou en clôture ne s'affirme pas moins que celui des grands bois. Des futaies étagées séparent les prairies en pittoresques haies, aussi belles en Savoie, en Auvergne, en Gascogne et dans le Béarn, que dans le Lyonnais les Vosges, la Normandie et la Bretagne, si nombreuses et si rapprochées parfois qu'on dirait des forêts d'une particulière transparence. Et l'on n'en exploite que la possibilité. On n'en coupe un sujet que lorsqu'un autre le remplace. On en plante de nouveaux, s'il le faut. Les baux le prescrivent. Ces prés-bois ne courent pas de danger. Il y a trop d'intérêt à les conserver. Ils subviennent au chauffage et aux constructions, produisent des feuilles et des branchettes employées à la nourriture et à la litière du bétail, et, par les rideaux qu'ils constituent, ralentissent les vents, empêchent l'assèchement du sol et protègent les troupeaux.

Il est une sorte de propriétés cependant, intermédiaire entre le pré-bois et la forêt proprement dite, qui paraît devoir subir quelques changements de détail. Ce sont les châtaigneraies. Depuis vingt-cinq ans, l'industrie consomme énormément de châtaigniers dont elle extrait divers acides tanniques. Toutefois, qu'on se rassure. Dans les communes montagneuses à sols gneissiques et micaschisteux, il ne se vend que de très vieux arbres ne donnant plus de fruits et l'on en respecte les souches, qui tout de suite lancent de nouvelles tiges, quel que soit leur âge, ou bien on remplace les pieds qu'on arrache ; seulement, au lieu de laisser les arbres espacés au hasard comme auparavant, les gens avisés replantent en lignes, de façon à rendre la culture d'une céréale en sous-étage plus commode, et cette disposition est éminemment favorable à l'arbre qui a besoin, pour prospérer, de terres labourées, aérées et fumées. Sur les territoires plus fertiles, le châtaignier se réfugie dans les haies et les bordures. En tout cas, les usines sont regardées comme un bienfait, par l'argent qu'elles répandent, argent qui est généralement employé à acheter des engrais chimiques, ce qui détermine un progrès agricole extrêmement marqué, et une mise plus rationnelle de chaque chose à sa place.

On en dirait autant du noyer. Les fabriques d'armes et de meubles en achètent considérablement. Mais on n'en replante pas moins que l'on n'en coupe.

## Section VI

Nos hauts pâturages sont la plupart en bon état, non pas imperfectibles bien entendu, mais plus complets qu'ils n'ont jamais été ; ils s'acheminent sans cesse vers le mieux, et comme on tend partout à adopter des industries zootechniques qui exigent que le bétail soit bien nourri, ils ne sont plus jamais surchargés. Nos populations comprennent parfaitement leurs véritables intérêts. Elles suivent tous les conseils pratiques. Et quand elles n'ont pas encore atteint le sommet de l'échelle, c'est qu'elles en sont empêchées par des circonstances indépendantes de leur volonté : cherchons à le prouver par l'exposé de la constitution d'une commune pastorale type.

La commune pastorale type de haute montagne comprend, du bas au sommet, quatre étages : 1° des champs, des prés et une pâture commune autour des villages ; 2° des forêts ; 3° de nouveaux groupes de prés et des pâturages particuliers ; 4° des pâturages communaux étendus, plus ou moins accidentés, que couronnent les crêtes, le rocher ou le glacier.

Au printemps, les provisions de foin étant à ménager, ou épuisées, le bétail, dès que la neige a disparu, parcourt les pâturages inférieurs. L'été venu, il pâture le quatrième étage, mais il redescend tous les soirs sur le troisième, où il est parqué. Les communaux supérieurs ne reçoivent donc qu'une faible partie de l'engrais du bétail qu'ils nourrissent, et telle est l'unique cause de leur médiocrité. Cependant, il faut le reconnaître, ils rendent, par-là même, plus fertile et plus productive l'écharpe de propriétés particulières situées au-dessous d'eux. Le foin de celles-ci étant ensuite descendu dans la vallée, pour subvenir à la nourriture des animaux pendant l'hiver, et l'engrais des étables des villages étant, à son tour, transporté sur les terres arables environnantes, on voit qu'indirectement le communal d'en haut concourt activement à la fécondation des terres arables d'en bas. Mais si on laissait à sa disposition l'engrais qu'il leur envoie, il s'améliorerait facilement.

Cette solution est-elle possible ? C'est une question d'irrigation avant tout ; car, si l'on pouvait arroser les pentes inférieures et les terres de la vallée, tous les propriétaires s'appliqueraient spontanément à convertir leurs champs, qui rapportent si peu, en prairies ; les prairies basses, une fois plus étendues, suffiraient à la nourriture du bétail hiverné, et la descente, d'ailleurs si coûteuse, des foins des prés supérieurs serait abandonnée ; l'exploitation de ces derniers se fusionnerait avec celle des communaux qui les dominent et formerait avec eux des montagnes pastorales qui, en conservant tout l'engrais de leurs troupeaux, atteindraient vite une grande prospérité. En même temps, le prolongement de la stabulation hivernale permettrait de reboiser les pâtures communales inférieures généralement pauvres et destinées, par cette pauvreté même, au boisement. Le grand progrès consisterait donc à multiplier les petits canaux d'arrosage, et, si les torrents ou les ruisseaux font défaut, à employer en compensation des amendements minéraux. L'œuvre d'amélioration désirée relève par conséquent, à la fois, du concours étroit de l'ingénieur, de l'agronome et du forestier.

L'idéal existe déjà, ou est presque atteint, précisément où l'eau abonde et où un climat assez humide a permis de supprimer les jachères, de réduire les cultures arables et d'y substituer des prairies temporaires ou permanentes, comme dans presque toute la Savoie, le Graisivaudan, l'Auvergne, les Pyrénées et de notables parties éparses du reste des Alpes, des Corbières et des Cévennes.

## Section VII

On supplie le législateur de voter d'urgence plusieurs lois nouvelles. On demande :

Que l'Etat soit investi du droit de s'emparer de tous les bassins de réception des torrents, en vue de leur boisement ; — que l'administration soit exclusivement chargée de la gestion de tous les pâturages communaux de montagne ; — que les forêts particulières soient soumises à certaines règles d'aménagement dont les agents de l'État contrôleraient l'application ; — que les coupes rases soient interdites complètement et assimilées au défrichement ; — que nos grandes sociétés financières et les Caisses d'épargne soient autorisées à consacrer une partie des capitaux dont elles disposent à l'achat de forêts de rapport et au boisement des landes et autres terrains arides.

Examinons successivement chacun de ces vœux.

Le droit d'imposer obligatoirement le boisement des bassins des torrents, l'Etat le possède déjà présentement, en vertu de la loi du 4 avril 1882. Seulement, les pouvoirs de l'administration sont tempérés par les garanties indispensables au propriétaire. Ses projets sont soumis à une enquête communale, à l'examen du Conseil d'arrondissement, du Conseil général, d'une commission spéciale, enfin ils doivent être sanctionnés par une loi. Mais la constitution du périmètre est subordonnée « au danger né et actuel. » On reproche à la loi cette restriction qui, dit-on, frappe l'Etat d'impuissance, en l'empêchant de donner aux périmètres l'extension désirable. C'est un reproche injustifié. En fait, quand un projet ne porte pas atteinte aux intérêts pastoraux, il franchit sans entraves tous les degrés d'instruction, et il est voté ; s'il les compromet, on oblige ses auteurs à le modifier. Les mots « danger né et actuel » ne sont jamais gênants par eux-mêmes. Qu'on les supprime ou non, les choses se passeront exactement de la même manière. Les textes sont secondaires. L'essentiel est que les actes ne heurtent gravement ni l'intérêt communal, ni les intérêts privés.

Une bonne loi pastorale est nécessaire sans doute. Mais cette loi existe. Elle est formée par le titre II de cette même loi du 4 avril 1882 dont nous venons de parler, qui prescrit à toutes les communes, dont les noms sont compris dans des décrets particuliers, de dresser des règlements indiquant la nature et les limites des terrains communaux soumis au pacage, les diverses espèces de bestiaux et le nombre de têtes à y introduire, l'époque du commencement et de la fin du pâturage, et toutes autres conditions relatives à son exercice. Si la commune ne présente pas de règlement, ou n'en accepte pas un que lui aurait préparé l'administration des forêts, le préfet en appelle à une commission déterminée et, après cette consultation, décide en dernier ressort. Mais jusqu'à présent cette partie de la législation de 1882 a été négligée. Pourquoi ? C'est que, quand la loi parut, les services chargés de son application, absorbés par des créations de périmètres et surtout par la correction des torrents, ont négligé complètement cette partie du programme. C'est qu'en outre, cette législation étant au fond libérale, c'est-à-dire désireuse qu'on parvienne au but par une entente complète avec les communes intéressées, est considérée comme inutilisable par les trop nombreux fonctionnaires qui croient qu'il est impossible d'obtenir d'elles des progrès par la persuasion. C'est qu'enfin, pour tout dire, les tendances anti-pastorales qu'accusent passablement de périmètres, rendent nos montagnards méfiants, même quand on se présente à eux animé d'un esprit conciliant. Toute proposition avantageuse en soi finira cependant par être acceptée. Mais il faut l'effort. Et comme, d'autre part, la loi par son article S permet à l'administration, en compensation des sacrifices passagers qu'elle peut être tentée de demander, d'offrir des subventions pour n'importe quels travaux d'améliorations pastorales, canaux, chalets, étables, gazonnements, laiteries, sentiers d'exploitation, il est impossible de posséder une législation mieux appropriée au but qu'on poursuit.

Convient-il d'obliger les particuliers à aménager strictement leurs forêts, c'est-à-dire à n'en exploiter les produits que par coupes partielles à peu près égales, sinon annuelles, du moins à intervalles rapprochés ? Il est permis d'hésiter à se prononcer pour l'affirmative, car la coercition exposerait davantage le pays à des crises de surproduction ou de disette, suivant les variations de la demande. Il vaut mieux sans doute maintenir ces forêts dans leurs fonctions actuelles de réserves nationales, tantôt apportant un supplément de produits réclamés par la consommation, tantôt se cadenassant, en partie, lorsque les affaires se ralentissent. Un des privilèges spécifiques de la forêt est de conférer à son propriétaire la faculté d'en accumuler et d'en capitaliser les accroissements annuels successifs, pour ne les réaliser qu'aux époques où les prix du marché lui conviennent. Supprimer cet avantage, ne serait-ce pas enlever aux particuliers un puissant motif d'encouragement au boisement ?

Les coupes rases ne sont pas systématiquement condamnables. Une coupe de futaie, en effet, a deux conditions principales à remplir. Elle doit d'abord être assise de façon à rendre aussi peu onéreuse que possible l'extraction des produits. Elle doit ensuite préparer le terrain à engendrer dans le plus bref délai et aux moindres frais un peuplement nouveau. Or, en bien des cas, la coupe rase remplit ces deux conditions. Elle satisfait à la première condition en montagne, beaucoup mieux que toute autre, attendu que les seules voies de vidange économiques y sont les ravins, le câble et le couloir ou rize. Mais, pour que ces procédés soient employables, il faut que les coupes soient concentrées et aboutissent à un même point de langage, et non composées d'arbres glanés sur d'immenses espaces. Quant à la régénération, la coupe rase lui est-elle favorable ? Pour nos essences de montagne dominantes, aucun doute n'est permis.

Et le charmant *Manuel de l'Arbre* de Cardot, qui est entre toutes les mains, nous en offre un exemple frappant par la superbe photographie, placée à sa dernière page, comme une apothéose de la forêt, qui représente une brillante parcelle appartenant à la ville de Thônes, fille précisément d'une coupe rase, faite en 1840, entre 700 et 1 300 mètres d'altitude. Que la coupe rase soit impérieusement réclamée par toutes les essences dont les jeunes plants redoutent le couvert, c'est classique. Puton, ancien directeur et professeur de l'Ecole de Nancy, après avoir rangé les exploitations forestières sous trois types : la coupe à blanc estoc, la coupe en jardinage, la coupe à tire et aire, dit : « La première s'appliquera aux pineraies et aux sapineraies. » Et il ajoute : « Ces trois modes d'assiette remontent à la plus haute antiquité, c'est-à-dire qu'ils sont consacrés par l'expérience, et qu'on ne saurait les remplacer par d'autres pratiques, soi-disant perfectionnées, sans danger pour les intérêts et la sécurité du propriétaire. » Boppe et Jolyet, successeurs de Puton, ne sont pas moins positifs : « La coupe rase convient aux essences à graines ailées et légères, mélèzes, épicéas, pins de montagne, les vents se chargeant d'installer sur le parterre de leurs coupes des semences, provenant des peuplements voisins, qui germent et s'installent en plein découvert. »

On se laisse influencer par la législation suisse : nous allons le voir, les interdictions qu'elle prononce ne sont ni générales, ni absolues. La loi fédérale du 11 octobre 1902 restreint bien le droit à la coupe rase, mais dans les forêts dites protectrices seulement, c'est-à-dire celles qui sont comprises dans les bassins de réception des torrents ou celles qui protègent des lieux habités contre les avalanches et les éboulements. L'article 18 dit simplement : « En règle générale, les coupes rases sont interdites dans les forêts protectrices, » et l'article 29, le plus important, ne prononce même pas le mot « interdiction. » Il prescrit seulement aux cantons « de veiller » à ce qu'en forêts protectrices particulières, aucune coupe rase ne soit pratiquée « sans la permission de l'autorité cantonale. » Ce sont là des mesures plutôt platoniques. Chacun s'abstient spontanément, dans la situation des forêts protectrices telle qu'elle est définie plus haut, de faire coupe rase, sachant combien les massifs supérieurs, que d'autres massifs ne couronnent pas, se régénéreraient difficilement après la mise à nu totale de leur aire.

L'autorisation donnée aux grandes sociétés de crédit de concourir aux œuvres forestières serait-elle la panacée qu'on promet ? Nous ne le pensons pas. L'économie forestière enseigne, en effet, que les placements en forêts, vu la sécurité qu'ils procurent, méritent d'être calculés au même taux que les rentes sur l'Etat, d'où l'habitude d'en capitaliser les revenus à 3 pour 100, déduction faite des frais de garde et d'impôt. Si des sociétés financières achetaient des forêts en pleine production, elles seraient obligées de les payera des prix correspondant à ce taux et sans être certaines, avec les frais qui leur incomberaient, d'arriver à le maintenir. Elles ne peuvent donc s'accommoder de placements semblables, contraintes qu'elles sont, pour servir les intérêts, retraites, indemnités ou dividendes qu'elles distribuent, de faire fonctionner leurs capitaux à des conditions supérieures. Maintenant, s'il s'agissait pour ces mêmes sociétés de consacrer, sur une vaste échelle, leurs capitaux à des créations de forêts, l'aléa serait si grand que des administrateurs circonspects ne consentiraient jamais à s'y aventurer. Tous les jours des particuliers font de bonnes affaires en boisant des parcelles dont ils ont constaté la médiocrité agricole, ou d'autres qu'ils achètent à bon compte à des voisins moins avertis. Mais de pareilles opérations ne sont pas à la portée de grandes sociétés qui, le jour où elles voudraient acquérir des surfaces étendues, se trouveraient en face de propriétaires ligués pour ne les leur céder qu'à des prix normaux, fondés sur le taux habituel des placements en bois. Prédire ce que rendra après un temps déterminé un terrain artificiellement boisé est beaucoup plus difficile qu'on ne le pense, l'hectare forestier produisant, selon les sols, entre un demi-mètre cube et 10 mètres cubes par hectare. Il n'est pas téméraire toutefois d'espérer, au bout de cinquante ans, d'une lande achetée 200 francs l'hectare, ensemencée pour 50 francs, ayant donc coûté 250 francs par unité de surface, une coupe de 400 mètres cubes de perches valant 1 200 francs. Et négligeant les charges annuelles, on nous dit : 250 francs ayant rapporté 1 200 francs en cinquante ans, cela fait 24 francs par an ; le capital a été placé à 9 fr. 60 pour 100. Pas précisément. Comme on n'a rien touché pendant cinquante ans, ces 250 francs ont fonctionné simplement comme une somme placée à 3 pour 100 à intérêts composés, qui elle, au bout de cinquante ans, donnerait aussi, exactement, 1 200 francs. Ajoutons qu'en haute montagne les chiffres précédons sont irréalisables. Là, le boisement serait la ruine des sociétés. Ainsi, il est plus que probable que les forêts d'utilité publique créées par l'Etat depuis 1860 jusqu'aujourd'hui ne produiront jamais plus de

1 pour 100 des capitaux dépensés. Elles sont donc un luxe, légitime sans doute, comme celui que s'offre une ville en créant un square, mais que l'État seul peut se donner. Par conséquent, trois sortes de propriétaires seules peuvent logiquement concourir au boisement, comme cela a lieu aujourd'hui déjà : les particuliers, sur les portions de leurs domaines, trop pauvres pour fournir des quotités de produits en rapport avec les progrès de l'agriculture moderne ; les communes, sur leurs landes ou pâtis trop maigres pour offrir un pâturage avantageux ; l'État, sur les terrains encore plus ingrats.

On répète sans cesse, il est vrai, que nous avons 6 746 800 hectares improductifs dont la mise en valeur nécessiterait une intervention plus active du pouvoir législatif et des capitaux. Ce chiffre représente plus du huitième du territoire national. Il est donc erroné, car il n'est pas une de nos régions, rochers déduits, qui renferme une pareille fraction de sa surface en état d'improductivité. Voici encore une autre preuve de cette exagération. Ce total est celui d'un tableau intitulé « Landes, pâtis et autres terrains incultes » publié par l'Administration des Contributions directes, en 1884. Mais sous le nom de landes, il comprend des surfaces très étendues du Centre consistant en bruyères mélangées d'herbes fines, qui sont des parcours à moutons de qualité supérieure, et sous les noms de pâtis et autres terrains incultes, il englobe d'immenses pelouses du Sud-Est et du Sud, qu'on n'a pas cru devoir élever à la catégorie des prés et herbages, mais qui n'en sont pas moins d'excellents pâturages.

Pour qui voyage et regarde, il est évident que nous avons au maximum 1 million d'hectares susceptibles d'être fructueusement boisés, et qu'on ne saurait songer à élever de plus de 2 pour 100, soit de 18 à 20 pour 100, le coefficient forestier des 53 millions d'hectares de notre territoire.

### Section VIII

Jusqu'à présent, les principaux efforts de l'Etat se sont concentrés sur les torrents clos Alpes et des Pyrénées, ces petits cours d'eau caractérisés par un cirque de réception, un canal d'écoulement et un cône de déjection, et qui sont aux dégâts locaux ce que la rivière et le fleuve sont aux désastres généraux. On les a combattus par le boisement et par des travaux de correction, barrages, drainages, dérivations ; mais ces ouvrages d'art, qui sont très coûteux, n'ont pas toujours donné les résultats espérés, et l'ère en paraît terminée.

S'il en est ainsi, des économies sont-elles possibles, sur le budget du reboisement qui est actuellement de 3 500 000 francs ? Un million, selon nous, doit être maintenu au profit des boisements proprement dits, et cette somme est suffisante. Il n'y a en effet, nous venons de le voir, que 1 million d'hectares au plus, où se justifie le boisement aux frais de l'Etat ou avec subventions ou primes de sa part. Or, en terres maigres, on ne parvient à obtenir de rémunération passable de la dépense qu'à la condition de ne guère dépasser cinquante francs par hectare. Il convient cependant de s'arrêter au chiffre de 100 francs, afin de comprendre dans cette moyenne les frais de travaux auxiliaires, chemins, sentiers, barrages rustiques, etc., l'entretien de certains ouvrages existants, quelques constructions d'art exceptionnelles et les encouragements aux améliorations à exécuter sur terrains pastoraux. Et comme, d'autre part, l'âge moyen d'exploitabilité de chaque essence est de 100 ans, il s'ensuit que, pour créer des forêts composées d'âges gradués de 1 à 100 ans, il est rationnel de s'assigner un délai de 100 ans, c'est-à-dire de se borner à boiser 10 000 hectares par an. On n'a d'ailleurs jamais atteint ce chiffre de 10 000 hectares et il est impossible de le dépasser, le boisement d'une région quelconque n'allant pas sans exercer de contre-coup sur les surfaces agricoles et pastorales qui, elles, ne peuvent subir d'amoindrissement que petit à petit, et au fur et à mesure des progrès de la culture intensive. D'autres raisons encore interdisent d'aller vite : par exemple, les accidents auxquels sont exposés les jeunes plants. Les étés secs font périr des peuplements entiers. Il faut donc répartir les travaux entre un grand nombre d'années, afin de diminuer les risques. Enfin, il y aurait impossibilité de trouver une main-d'œuvre plus abondante sans nuire à l'agriculture, qui déjà manque de bras.

Un second million serait à affecter à des acquisitions de terrains par l'Etat. Sur cette somme, 300 000 francs assureraient largement le service des achats de propriétés recouvertes accidentellement par des éboulements à caractère ruiniforme, et de quelques autres en état d'insécurité manifeste ; 500 000 achèteraient au prix moyen de 200 francs par hectare le quart des 10 000 hectares pauvres à boiser annuellement, les trois autres quarts environ, vu les préférences habituelles des communes et des particuliers, devant demeurer entre les mains des propriétaires et être boisés par voie de subvention ; 200 000 resteraient disponibles pour achats de sites forestiers de montagne, méritant protection. Les reliquats éventuels seraient versés dans une caisse spéciale, et constitueraient une réserve destinée aux années marquées par des circonstances qui obligeraient à dépasser la dépense moyenne.

On pourrait se borner à cette dépense de 2 millions et économiser par conséquent 1 500 000 francs. Mais je vois une façon d'employer utilement cette dernière somme. Je l'indique.

Huit cent mille francs, joints à des primes légères qu'on demanderait aux intéressés, pourraient servir à fonder et à alimenter une caisse d'État destinée à indemniser intégralement les particuliers victimes d'inondations, ce qui ne serait qu'un acte de solidarité nationale d'une justice absolue, ces catastrophes n'étant pas susceptibles d'être réparées par des Sociétés d'assurance, à cause des aléas qu'incontestablement elles comportent. Cependant la capitalisation de cette somme et des versements des riverains, si l'on avait la chance d'échapper pendant une dizaine d'années à de gros désastres, deviendrait à bref délai suffisante pour faire face à toutes les éventualités.

Les sept cent mille francs finalement disponibles devraient être mis à la disposition des combinaisons à l'étude depuis vingt ans en vue d'améliorer la situation des gardes forestiers, réforme étroitement liée aux objets de cette étude, la réussite des boisements, les progrès de la sylviculture et l'extension des améliorations pastorales réclamant l'organisation d'un corps de conducteurs de travaux plus encouragés.

## Section IX

Quelques techniciens ont cru bien servir la cause du boisement des montagnes en amplifiant outre mesure les phénomènes torrentiels. Ils ont traité avec le même pessimisme toutes les questions forestières et pastorales. Des écrivains de bonne volonté, mais peu préparés, les ont écoutés et ont propagé en surenchérissant, *fama crescit eundo*, les mêmes craintes chimériques. Ainsi est née et s'est développée une extraordinaire agitation, compromettante pour bien des intérêts. Comment ramener le public à la notion exacte des faits ?

On se trouve en présence d'une énorme erreur de géographie contemporaine. C'est par une mission de reconnaissance et d'étude qui serait confiée à un certain nombre de personnages qualifiés, choisis parmi nos administrations, les membres du Parlement et nos premières sociétés d'agriculture et d'alpinisme, que l'on y arriverait.

On devrait débuter en Savoie, visiter les torrents de la Tarentaise et de la Maurienne, torrents éminemment instructifs, chacun en son genre, afin de se fixer sur les méthodes à suivre désormais à l'égard des cours d'eau de cette nature. Simultanément on explorerait quelques grands territoires pastoraux capables d'édifier sur les soins qu'apportent les communes et les particuliers à la gestion de leurs pâturages, par, exemple ceux de Beaufort, de Bourg-Saint-Maurice et de Séez. De Séez on escaladerait le pic de Lancebranlette, belvédère incomparable, d'accès facile, d'où à 2 963 mètres l'œil, embrassant une partie des Alpes, peut juger de l'immensité des surfaces rocheuses ou pastorales imboisables, que partant, la suppression des grandes crues est un rêve irréalisable. En Maurienne, on constatera les progrès du boisement naturel en cent endroits divers et les dispositions des communes les plus reculées en faveur du boisement artificiel, pourvu qu'on en concilie la marche avec le maintien du pâturage. A Chambéry, on remontera la Leysse et ses ramifications ; on y puisera la conviction que le laisser-croître pur et simple, accompagné de dépenses minimes de garnissages, mettrait dans le meilleur état la plupart des versants des rivières torrentielles d'altitude moyenne.

On montera en Oisans ; auprès de son chef-lieu on remarquera le bassin de Saint-Antoine, aux trois quarts rocheux, occupé par de vieilles forêts épaisses sur son quatrième quart, où il apparaît nettement qu'en certains cas, l'art est incapable d'apporter aucune modification appréciable à la situation créée par la nature. Après avoir franchi le Lautaret, on s'arrêtera au Monestier-de-Briançon dont le vaste territoire, compris entre 1 400 et plus de 3 000 mètres avec ses 6 000 hectares de montagnes pastorales, figure la commune alpestre complète, où sont à étudier des améliorations de toute espèce. On suivra la Durance jusqu'à Mont-Dauphin, et l'on gagnera Vars, autre territoire non moins suggestif que le précédent, où existent des forêts de mélèze, à rendement herbeux abondant, des pelouses sans fin et encore des torrents intéressants.

Du col de Vars on descendra sur l'Ubaye. Arrivé à l'un des principaux centres de montagnes louées à des propriétaires de Provence, on n'aura que l'embarras du choix entre les quatre communes du sommet de la vallée, Saint-Paul, Meyronnes, Larche et la Condamine, pour vérifier que les alpages qui leur sont livrés ne périclitent en aucune façon et qu'ils sont même fort beaux. De Barcelonnette, on visiterait le Riou-Bourdoux et ses voisins, les premiers torrents énergiquement attaqués, dont le régime est un enseignement identique à celui qu'on aura déjà puisé en Savoie. On gravira les crêtes du Sud-Est du col de Valgelaye d'où l'on domine la vallée du Verdon où ont été achetés par l'Etat 25 000 hectares d'anciens pâturages communaux ou particuliers. Ces acquisitions étaient-elles nécessaires ? ces pâturages dégradés ? Leur boisement est-il possible et avantageux ? N'y aurait-il pas lieu plutôt d'en restituer l'usage, en partie au moins, aux bergers de la Crau qui les réclament et de les leur louer sous condition d'une réglementation parfaite ? On s'édifiera aisément sur ces capitales questions. De l'Ubaye, on passerait dans les vallées de la Blanche et de la Bléone. A Seyne, un joli boisement d'une ancienne montagne pastorale fera ressortir quels services les périmètres gazonnés sous bois, comme l'est celui-là, rendraient à l'œuvre de la réglementation des pâturages, en offrant aux troupeaux beaucoup plus d'herbe qu'il n'en faut pour compenser les restrictions que réclamerait pendant quelque temps l'exploitation des montagnes environnantes, si on projetait de les améliorer. A 1 500 mètres avant d'arriver au Brusquet, on admirera le périmètre de Curusquet, où, sur des marnes calcaires noires et nues d'aspect affreux, on est parvenu à créer avec le pin un site verdoyant. On ira à Vergons, commune enclavée dans une petite vallée, affluent de la rive gauche du Verdon, non loin de Castellane, où s'étale, face au Midi, un boisement superbe réalisé en des conditions très difficiles, et face au Nord, tout près du village, un pâturage boisé non soumis au régime forestier, dans lequel, malgré le pâturage constant d'animaux de toutes espèces, une forêt de mélèzes s'est créée, s'exploite et se régénère sans interruption.

On viendra en Crau constater l'impossibilité où se trouve ce diluvium du Rhône de se passer de la transhumance alpestre et l'intérêt économique supérieur qui exige le maintien de cette coutume. On reconnaîtra en même temps la bonne éducation de ses bergers et leur aptitude à appliquer en montagne les méthodes et les procédés culturaux les meilleurs. On visiterait ensuite au sommet de la vallée de l'Hérault le boisement de l'Aigoual, un des plus réussis des Cévennes. On s'arrêtera dans l'arrondissement de Saint-Affrique où la brebis utilise merveilleusement des causses d'apparence si infertile, où néanmoins des rideaux, des boisements-abris, comme il en existe déjà quelques-uns, seraient à multiplier. Dans l'Aveyron, les principales rivières coulent encaissées entre des versants à demi boisés, s'élevant de 100 à 500 mètres au-dessus des thalwegs, rongés parfois par de petits affluents présentant en dimensions réduites les formes du torrent classique. On s'y trouvera en présence de terrains dont la plantation en pins créerait des paysages ravissants, mais qu'il ne faudrait boiser que progressivement, par petites surfaces, en rendant successivement au pâturage les superficies conquises, afin de ne porter aucune atteinte à l'admirable industrie de Roquefort, richesse de la contrée.

De Millau, centre de ces vallées, on passera en Lozère. On y sera frappé de la métamorphose complète par le pin des deux versants du Lot, de Bagnols à Salelles, et des pentes de la rive gauche de la Coulagnes au Nord et au Sud de Marvejols. A l'Ouest de la Margeride, on se plaira à contempler l'infinité de petites pineraies particulières des cantons d'Aumont et de Saint-Chély qui protègent contre les vents violents les pâturages auxquels elles sont mêlées, et forment avec eux un spécimen exemplaire d'aménagement approprié aux hauts plateaux.

Entre Garabit et Saint-Flour, on traversera d'immenses et pittoresques pâturages boisés livrés aux bêtes bovines et ovines, mais à partir du 1er juillet seulement, où le jeune pin néanmoins surgit de toutes parts, démontrant péremptoirement la possibilité de concilier le pâturage et la forêt, pourvu qu'on n'introduise pas le bétail avant le commencement de l'été, une lignification suffisante des jeunes pousses étant faite. On visitera la Pinatelle, forêt située à

10 kilomètres Nord de Murat, qui offre aux populations riveraines à la fois herbe et bois, c'est-à-dire les deux genres de produits les plus capables de populariser la mise en valeur des bruyères du Centre, mise en valeur réalisée d'ailleurs déjà sur une foule d'anciens communaux et de propriétés particulières des cantons d'Allanche, de Montsalvy, de Saint-Mamet, de Laroquebrou, de Meymac, d'Ussel, de Sornac, etc., et à propos desquels sont à citer les noms des Delmas, des Sarrauste de Menthière, des Miramon-Fargues, des Falvelly, des Rabot et des Bellinay.

Je voudrais aussi que dans les régions dont les petites villes de Maurs et de Gramat sont les centres, ainsi qu'à Tulle et à Brive, on vînt vérifier ce que nous avons dit des circonstances qui assurent le maintien du châtaignier et du noyer.

On se rendra ensuite dans les Pyrénées. Quel que soit le chemin préféré, on apercevra nombreuses des chênaies et des hêtraies cultivées en demi-futaies d'une manière si conforme aux exigences rurales, que toutes présentent la même apparence, malgré l'ignorance à l'égard les unes des autres où les populations se trouvaient naguère encore. Des limites septentrionales de chaque département à la frontière d'Espagne, on ne trouvera que des forêts épaisses et bien conservées et surmontées de pâturages toujours en bon état.

On traversera les Landes et les collines du Périgord, deux régions où les propriétaires forestiers se distinguent par de louables initiatives, et l'on viendra finir cette enquête dans la Haute-Loire qui possède, particulièrement dans les cantons de La Chaise-Dieu et de Tence, une multitude de petites et de moyennes sapinières jardinées, et de pineraies régénérées par des plantations, les unes et les autres artistement traitées, procurant les plus hauts rendements, et des plus dignes d'attention.

## Section X

Ce voyage terminé, on adopterait, j'en suis persuadé, les conclusions suivantes :

Il est impossible à l'homme d'asservir à son gré les eaux des montagnes. Les grands désastres ne proviennent ni de déboisements, ni de dégazonnements commis par les populations. Ils sont inévitables, et, par conséquent, c'est un devoir social d'en indemniser les victimes.

Les forêts exercent une influence indéniable sur le régime hydraulique, mais il n'existe aucune connexité appréciable entre les ravages des eaux et les exploitations annuelles qui s'y font. L'intérêt général n'exige donc pas que ces exploitations soient réglementées. S'il en est de celles-ci qui nuisent temporairement à des sites célèbres, la seule solution acceptable est 1 acquisition du fonds par l'État ou par des sociétés artistiques ou touristiques indifférentes au rendement en argent.

La forêt s'agrandit sur tous les points du territoire, mais à peine peut-elle s'accroître d'un dixième de sa propre contenance actuelle. La réalisation plus rapide des boisements utiles dépend surtout du perfectionnement de l'art de planter sur les terres propices et de la renonciation à de stériles efforts sur les terrains contraires. Ces travaux conviennent à l'État, aux communes et aux particuliers, mais ils ne s'accordent pas avec les exigences des capitaux confiés aux associations financières.

Les pâturages s'améliorent parallèlement aux progrès de l'agriculture. Des sociétés locales d'économie alpestre, qui veilleraient à la répartition la plus profitable des subventions gouvernementales et organiseraient des concours entre domaines pastoraux, provoqueraient la réalisation de toutes les améliorations désirables.

Les crédits présentement affectés aux travaux de boisement et de gazonnement sont plus que suffisants. Les travaux d'art n'ont jamais touché qu'à des intérêts très limités. Ils devraient se réduire aux rares localités qui consentiraient à assumer la moitié ou au moins le tiers de la dépense.

Ni la beauté ni les richesses de nos montagnes ne sont menacées, parce qu'elles reposent sur une indéfectible harmonie entre leurs besoins, leurs sols et leurs climats, qu'a créée l'habitant au cours des siècles, et que perfectionne encore de nos jours le jeu libre des intérêts privés et communaux, sous la tutelle et à l'aide des lois existantes, lois excellentes, élastiques et souples, dont on ne tire point un parti complet, mais que les leçons de l'expérience et la connaissance plus approfondie des réalités conduiraient à rendre souverainement efficaces.

ISBN : 978-1722904111

www.ingramcontent.com/pod-product-compliance
Lightning Source LLC
Chambersburg PA
CBHW070929220526
45468CB00005B/1715